La declaration des droits des papas,
written by Elisabeth BRAMI, illustrated by Estelle BILLON-SPAGNOL
©Talents Hauts (FRANCE), 2016.
All Rights Reserved
Korean translation ©2018 by YellowPig
Korean translation rights arranged with Talents Hauts through Orange Agency

이 책의 한국어판 저작권은 오렌지에이전시를 통해 저작권사와 독점 계약한
도서출판 노란돼지에 있습니다. 저작권법에 의하여 한국 내에서 보호를 받는
저작물이므로 무단전재와 무단복제를 금합니다.

도서출판 노란돼지는
어린이와 함께 기쁨과 슬픔, 고민을 나누며 꿈꾸고 성장하는 좋은 친구가 되고 싶습니다.

(우리 가족 인권 선언·4)

엘리자베스 브라미 글·에스텔 비용-스파뇰 그림·박정연 옮김

아빠
인권 선언

노란돼지

2조

엄마처럼 할 수 있는 권리(아기를 배고,
아기를 낳고, 젖을 주는 것은 빼고). 한밤중에 아이가
오줌을 누거나 악몽을 꿨을 때 잠에서 깨 일어날 권리.
갓난아기의 기저귀를 갈고, 응석을 받아 주고,
학교 안 가는 날에 놀아 줄 권리.

3조

기분이 나쁠 땐 불평할 수 있는 권리.
엄격할 수 있는 권리. 때리거나 겁을 주지 않으면서
화를 내고 목소리를 높일 수 있는 권리.
요가를 할 수 있는 권리.

4조

영화를 보고 감동받거나
슬픈 일이 있을 때 울 수 있는 권리.
뽀뽀와 포옹을 실컷 받을 수
있는 권리.

∽ 5조 ∽

엄마보다 수줍어하고, 더 어리고,
더 작을 수 있는 권리. 유별난 아빠 취급 받지 않으면서
아이들을 진심으로 염려할 수 있는 권리.

6조

저녁에 귀가해 피곤해할 수 있는 권리.
그럴 때 놀아 주거나 이야기하거나 책 읽어
주기를 거부할 수 있는 권리. 혼자서만
엄한 역할을 맡지 않아도 될 권리.

7조

육아 휴직을 선택할 수 있는 권리.
집에 머물며 아이를 키울 수 있는 권리.

8조

운동이나 수리를 잘 못해도 될 권리.
힘이 세지도, 우월하지 않아도 될 권리.
차가 없어도 될 권리. 면허증이 없어도 될 권리.
슈퍼 히어로가 아니어도 될 권리.

9조

직장이나 돈 문제, 심지어 건강 문제가 있을 때
그걸 입 밖으로 꺼내도 될 권리.

10조

아들과 인형 놀이나 소꿉장난을 하거나
딸과 자동차나 기차를 가지고 놀 수 있는 권리.
혹은 그 반대로도 할 수 있는 권리.

11조

엄마와 헤어졌거나, 집에 없거나 출장 중일 때에도
아빠로 여겨질 수 있는 권리.
물론 하늘나라에 올라갔을 때에도.

12조

극장이나 식당에서 데이트하는 것을
좋아할 권리. 아이들을 맡기고
혼자 외출하거나 남녀 친구들과
시간을 보낼 수 있는 권리.

아빠 뽀뽀해 주세요!

아빠야! 아무 일 없나 궁금해서 전화했어! 따르릉!

텔레비전 실컷 보고 과자 먹고, 밤새 놀아야지!

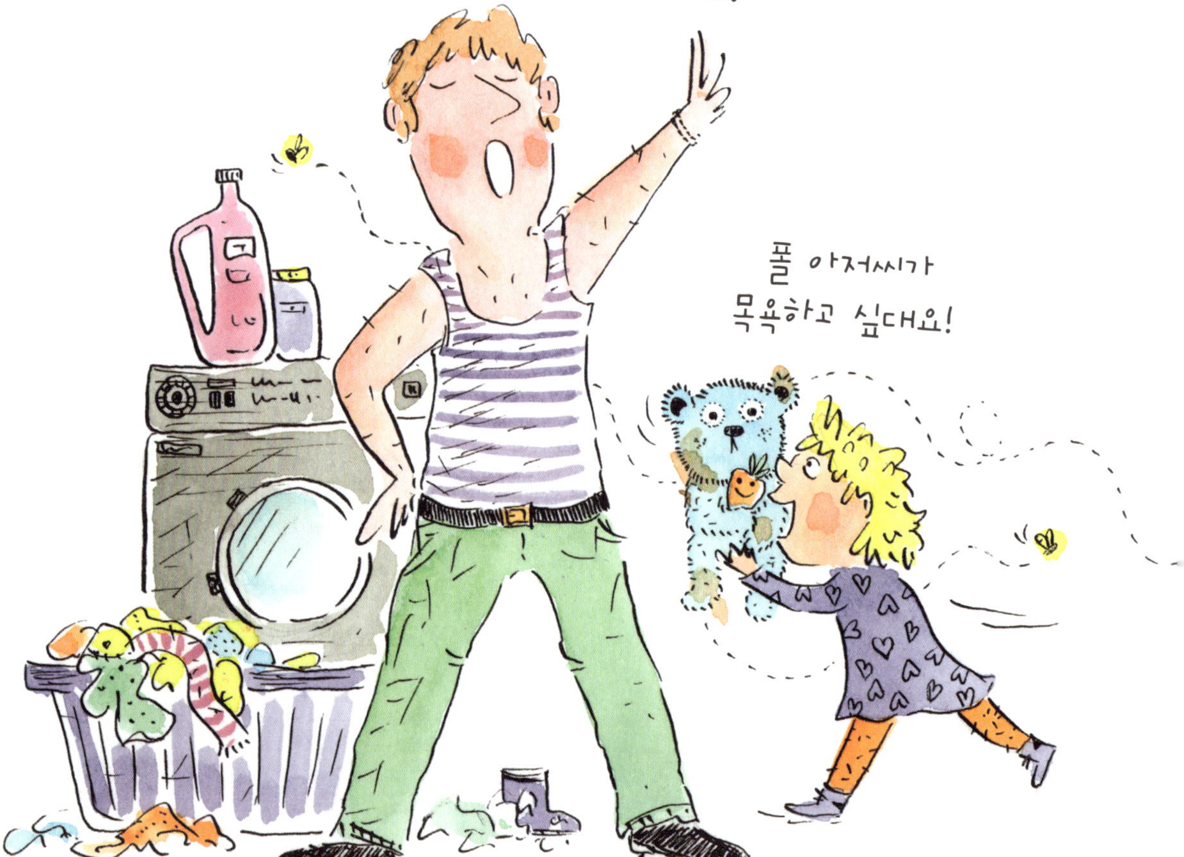

13조

떨어진 단추를 달고
다림질하고 저녁 식사를 준비하고,
쓰레기통을 비우고, 세탁기에 빨랫감을 넣고,
식기를 정돈하고, 아픈 아이를
돌볼 수 있는 권리.

14조

기분 전환을 위해 옷을 사고,
세일 때 쇼핑하기를 좋아하고, 우아할 수 있는 권리.
구질구질한 러닝셔츠와 바지, 냄새나는
운동화를 신어도 될 권리.

15조

원하는 대로 사랑할 수 있는 권리.
원할 때 아이를 가질 수 있는 권리.

글 엘리자베스 브라미

폴란드에서 태어나 생후 18개월에 홀로코스트의 생존자로 프랑스에 건너왔습니다.
대학에서 현대문학과 사회학을 공부했고, 임상심리학자로 일했습니다.
주로 영·유아와 어린이, 청소년, 그리고 어린 시절을 잊지 않는 성인 독자를 대상으로
책을 써 왔는데 이중 많은 책이 미국, 독일, 스페인, 일본 등에서 다양한 언어로 소개되어있습니다.
국내에 소개된 책으로는 《엄마는 좋아하고 나는 싫어하는 것》,
《선생님은 싫어하고 나는 좋아하는 것》 등이 있습니다.

그림 에스텔 비용-스파뇰

프랑스에서 태어나 대학에서 법을 공부했습니다.
이후 작가의 길을 택했고, 지금은 파리에 살며 글을 쓰고 그림을 그립니다.
국내에 소개된 책으로는 《엄마는 토끼 아빠는 펭귄 나는 토펭이!》,
《한 방을 날려라》 등이 있습니다.

옮김 박정연

연세대학교 불어불문학과를 졸업하고,
이화여자대학교 통번역대학원 한불번역학과에서 석사 학위를 받았습니다.
한국 만화와 아동 도서를 해외로, 해외 도서를 국내에 소개하는 일을 하고 있습니다.
옮긴 책으로 《초코곰과 젤리곰》, 《근사한 우리가족》,
《내가 앞에 설래!》 등이 있습니다.

|노란돼지 교양학교 그림책|
우리 가족 인권 선언·4

초판 1쇄 2018년 2월 28일 | 초판 3쇄 2020년 9월 17일
글 엘리자베스 브라미 · 그림 에스텔 비용-스파뇰 · 옮김 박정연
펴낸이 황정임 | 펴낸곳 도서출판 노란돼지
경기도 파주시 (파주출판문화정보산업단지) 문발로 115, 307 (우)10881
전화 (031)942-5379 | 팩스 (031)942-5378
등록번호 제406-2009-000091호 | 등록일자 2009년 11월 30일
편집장 김성은 | 경영지원 손향숙 | 디자인 이재민

도서출판 노란돼지는 독자 여러분의 의견을 기다립니다. yellowpig.co.kr
ISBN 979-11-5995-033-9 74300 ISBN 979-11-5995-034-6(세트)
ⓒ 노란돼지, 2018

이 도서의 국립중앙도서관 출판시도서목록(CIP)은
e-CIP 홈페이지(http://www.nl.go.kr/ecip)에서 이용하실 수 있습니다.
(CIP제어번호: CIP2018003497) 값은 표지 뒷면에 있습니다.

제조국 대한민국 | 사용연령 6세 이상
주의사항 종이에 베이거나 긁히지 않도록 조심하세요. 책 모서리가 날카로우니 던지거나 떨어뜨리지 마세요.